Salizete Freire Soares
André Neves

MUNDO
pra que te quero

Copyright © 2011 do texto: Salizete Freire Soares
Copyright © 2011 das ilustrações: André Neves

Direção-geral: *Flávia Reginatto*

Editora responsável: *Maria Alexandre de Oliveira*

Assistente de edição: *Rosane Aparecida da Silva*

Copidesque: *Ana Cecilia Mari*

Coordenação de revisão: *Marina Mendonça*

Revisão: *Ruth Mitzuie Kluska*

Direção de arte: *Irma Cipriani*

Assistente de arte: *Sandra Braga*

Gerente de produção: *Felício Calegaro Neto*

Design e coordenação do projeto: *André Neves*

Editoração eletrônica: *Wilson Teodoro Garcia*

Nenhuma parte desta obra poderá ser reproduzida ou transmitida por qualquer forma e/ou quaisquer meios (eletrônico ou mecânico, incluindo fotocópia e gravação) ou arquivada em qualquer sistema ou banco de dados sem permissão escrita da Editora. Direitos reservados.

Paulinas
Rua Dona Inácia Uchoa, 62
04110-020 – São Paulo – SP (Brasil)
Tel.: (11) 2125-3500
http://www.paulinas.com.br
editora@paulinas.com.br
Telemarketing e SAC: 0800-7010081

© Pia Sociedade Filhas de São Paulo – São Paulo, 2011

Dados Internacionais de Catalogação na Publicação (CIP)
(Câmara Brasileira do Livro, SP, Brasil)

Soares, Salizete Freire
 Mundo pra que te quero / Salizete Freire Soares ; ilustrado por André Neves. – São Paulo : Paulinas, 2011. – (Coleção espaço aberto)

 ISBN 978-85-356-2697-1

 1. Literatura infantojuvenil   I. Título.   II. Série.

10-08218   CDD-028.5

Índices para catálogo sistemático:
 1. Literatura infantil   028.5
 2. Literatura infantojuvenil 028.5

1ª edição – 2011
4ª reimpressão – 2022

Para Allan, Allany, Allyson e Matheus,

pelas muitas leituras juntos.

MUNDO
pra que te quero

Não é fácil conversar com o tempo. O tempo não nos escuta. Ele tem um ritmo contínuo e democrático. Passa para todos. É responsável por todas as chegadas e partidas. O tempo é senhor do seu destino. Intocável, ele age sobre todas as coisas. Dos homens à natureza. E mais, o tempo não possui tamanho. Só ele é capaz de colocar o ponto final em tudo.

Mas Salizete Freire Soares, compreendendo a força do tempo, e proprietária de uma prosa poética, traz para os mais jovens um texto em que o tempo é confirmado como o sujeito de todas as coisas. Sabendo da impaciência da infância diante do desejo de crescer, ganhar novos mundos, a autora convida a criança leitora a refletir sobre os caminhos do tempo. Sem roubar-lhe a infância, Salizete estabelece uma obra em que o presente é um fio amarrado ao tempo e que merece um olhar sem ansiedades.

Mais uma vez os jovens são presenteados com um texto exato, seguro e acariciado pela poesia. E também aos adultos, seu texto emociona por nos levar a revisitar um lugar que não mais nos pertence, mas que o mesmo tempo nos permite reinventá-lo.

Bartolomeu Campos de Queirós

ERA... Fantasiosa

Insistente

Menina

Ninguém a convencia de que o tempo era o encarregado direto de fazer esta mudança naturalmente.

Insistia em não esperar o tempo chegar para poder crescer.

Na vontade crescida, ela queria antecipar as coisas e chegar   antes   mesmo

de o tempo alcançar-lhe o rastro.

Desistiu de ouvir as pessoas de tamanho grande

                    que passaram toda vida esperando pelo tempo para crescer.

E, sozinha, foi ter com o **MUNDO!**

Com o Sol, aprendeu a clarear as ideias e, aquecida na intimidade do astro rei, perguntou:

— Amigo Sol, eu posso ficar grande antes do tempo?

O Sol, corado de tanto calor, disse em poucos raios:

— Daqui do alto, com meu facho brilhante,
posso ver muita coisa,
mas saber mesmo, só sei que:

O DIA VIRA NOITE

E A NOITE VIRA DIA...

A menina correu até as árvores e, na copa daqueles

sombreiros, tirou prosa com os galhos mais baixos,

e, enroscando-se nos troncos firmes, perguntou, arejada de folhas:

— Será, amigas, que eu posso crescer antes

de o tempo chegar?

O arvoredo mais próximo, plantado de surpresa, respondeu:

— Pela profundidade de minhas raízes e pelo

sopro da ventania, tudo o que sei é que:

O DIA VIRA NOITE
A NOITE VIRA DIA

A SEMENTE VIRA PLANTA

A PLANTA VIRA SEMENTE...

Cheia de vontade, a menina correu canteiros, bailou com as borboletas na leveza do ar, tocou palmas e flores e sentiu as ideias voarem de liberdade. Criou asas de coragem para indagar às companheiras:

— Oh, belas borboletas, posso antes do tempo certo virar gente grande?

Uma das borboletas, dourada da pergunta, tremulou por cima das cores e, bem pertinho dela, falou:

— Já aprendi com a vida algumas coisas, e sei que:

O DIA VIRA NOITE

A NOITE VIRA DIA

A SEMENTE VIRA PLANTA

A PLANTA VIRA SEMENTE
E QUE EU ERA LAGARTA
E VIREI ENCANTADA BORBOLETA...

E nas pernas do vento que soprava à vontade, a menina caiu no braço do rio que corria em frente.

O rio contou sua história molhada de emoção, repetindo, também, na mesma correnteza:

O DIA VIRA NOITE
A NOITE VIRA DIA
A SEMENTE VIRA PLANTA
A PLANTA VIRA SEMENTE

A LAGARTA VIRA BORBOLETA
A ÁGUA VIRA FONTE
A FONTE VIRA CÓRREGO
E O CÓRREGO VIRA RIO...

Aquilo foi para ela a gota d'água e, virando os olhos para os pescadores, viu que eles viravam as noites esperando suas linhas, viradas malhas, que, virando redes, viravam armas de pegar peixes para virarem lei de sobrevivência.

Enquanto estas coisas todas iam virando, eles também viravam horas e horas contando as suas experiências, que viravam passatempo, virando suas próprias histórias.

Curiosa, a menina parou no tempo para ouvir aqueles contos, e virou o dia escutando como a vida daquela gente virava rumos, costumes e sabedorias.

No fio dos relatos, ela percebeu a natureza virando a cada hora e compreendeu porque:

O DIA VIRA NOITE

A NOITE VIRA DIA

A SEMENTE VIRA PLANTA

A PLANTA VIRA SEMENTE

A LAGARTA VIRA BORBOLETA

A ÁGUA VIRA FONTE

A FONTE VIRA CÓRREGO

O CÓRREGO VIRA RIO...

E, com certeza, o homem aprendera
com a vida também a fazer:

A ÁGUA VIRAR GELO
A FRUTA VIRAR SUCO
O LEITE VIRAR QUEIJO
O TRIGO VIRAR PÃO
A UVA VIRAR VINHO
O BARRO VIRAR CASA
A ENERGIA VIRAR MOVIMENTO

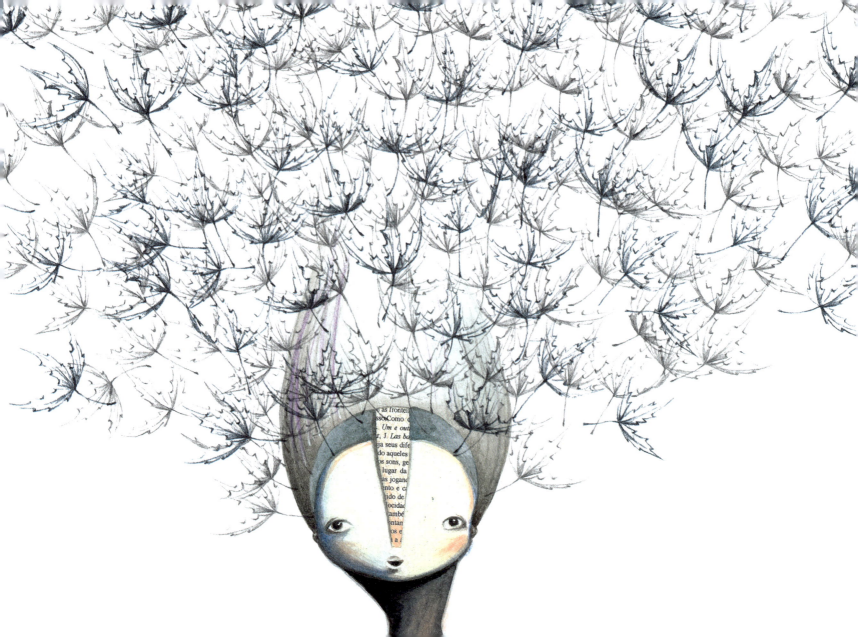

E O MUNDO VIRAR DE CABEÇA PARA BAIXO.

Sem mais nem menos, a menina se dá conta de que aquelas falas viraram escritos, que viraram marcas nos papéis, e estes, por sua vez, viraram folhas que naturalmente viraram livros. No tempo exato, ela correu os olhos na última linha e, virando a última página, leu BEM GRANDE:

Foi Isso Mesmo